知人善任
——狄仁杰

◎ 主编 金开诚

◎ 编著 闻婧男

吉林出版集团有限责任公司

吉林文史出版社

**图书在版编目（CIP）数据**

知人善任——狄仁杰 / 闻婧男编著 . 一长春：吉
林出版集团有限责任公司：吉林文史出版社，2010.11（2022.1 重印）
ISBN 978-7-5463-3969-6

Ⅰ.①知… Ⅱ.①闻… Ⅲ.①狄仁杰（630～700）–
传记–通俗读物 Ⅳ.①K827=42

中国版本图书馆 CIP 数据核字（2010）第 205555 号

# 知人善任——狄仁杰

ZHIREN SHANREN DIRENJIE

主编/ 金开诚 编著/闻婧男

项目负责/崔博华 责任编辑/崔博华 刘姝君

责任校对/刘姝君 装帧设计/柳甬泽 王丽洁

出版发行/吉林文史出版社 吉林出版集团有限责任公司

地址/长春市人民大街4646号 邮编/130021

电话/0431-86037503 传真/0431-86037589

印刷/三河市金兆印刷装订有限公司

版次/2010 年 11 月第 1 版 2022 年 1 月第 7 次印刷

开本/650mm×960mm 1/16

印张/9 字数/30千

书号/ ISBN 978-7-5463-3969-6

定价/34.80元

## 编委会

# 前　言

　　文化是一种社会现象，是人类物质文明和精神文明有机融合的产物；同时又是一种历史现象，是社会的历史沉积。当今世界，随着经济全球化进程的加快，人们也越来越重视本民族的文化。我们只有加强对本民族文化的继承和创新，才能更好地弘扬民族精神，增强民族凝聚力。历史经验告诉我们，任何一个民族要想屹立于世界民族之林，必须具有自尊、自信、自强的民族意识。文化是维系一个民族生存和发展的强大动力。一个民族的存在依赖文化，文化的解体就是一个民族的消亡。

　　随着我国综合国力的日益强大，广大民众对重塑民族自尊心和自豪感的愿望日益迫切。作为民族大家庭中的一员，将源远流长、博大精深的中国文化继承并传播给广大群众，特别是青年一代，是我们出版人义不容辞的责任。

　　本套丛书是由吉林文史出版社和吉林出版集团有限责任公司组织国内知名专家学者编写的一套旨在传播中华五千年优秀传统文化，提高全民文化修养的大型知识读本。该书在深入挖掘和整理中华优秀传统文化成果的同时，结合社会发展，注入了时代精神。书中优美生动的文字、简明通俗的语言、图文并茂的形式，把中国文化中的物态文化、制度文化、行为文化、精神文化等知识要点全面展示给读者。点点滴滴的文化知识仿佛颗颗繁星，组成了灿烂辉煌的中国文化的天穹。

　　希望本书能为弘扬中华五千年优秀传统文化、增强各民族团结、构建社会主义和谐社会尽一份绵薄之力，也坚信我们的中华民族一定能够早日实现伟大复兴！

# 目录

# 一、初唐历史简介

　　狄仁杰，字怀英，生于隋大业三年，即 607 年（一说生于唐贞观四年，即 630 年），卒于武则天久视元年（700 年），为唐时并州人。他是唐代杰出的宰相和政治家，通过应试明经科步入仕途。狄仁杰从政之后，经历了唐高宗与武则天两个时代。初任并州都督府法曹，转大理丞，改任侍御使，历任宁州、豫州刺史、地方侍郎等职。狄仁杰为官时，正应了老子的那句"圣人无常心，以百姓心为

心"。他为了拯救无辜，敢于拂逆君主之意，始终保持体恤百姓、不畏权势的本色。而且始终是居庙堂之上以民为忧，在后人看来他是"唐室砥柱"。后代史学家称颂他为"有再造唐室之功的忠义之士"。可以说，狄仁杰是唐代最负盛名的宰相，是一位对唐代有着深远影响的人物，他的存在改变了唐朝的命运。并且他用自己的德行与作为，告诉后人他是一位百姓永远敬仰的英杰……

狄仁杰所处的历史时代正是我国历史上政治军事强大、文化经济繁荣的唐代，后人常把强盛繁荣的唐代与汉代并列，称为"汉唐盛世"。狄仁杰在世时，所处的历史阶段属于唐朝初期，该时期为开元盛世的一个准备阶段。经过唐高祖李渊，唐太宗李世民种种休养生息政策的实施，唐朝的经济开始迅速强大起来。从贞观至开元一百多年中，农业、手工业生产不断发展，贞观时期斗米仅

值三四钱，成为历史传颂的佳话。唐的势力所及的范围，东北至朝鲜半岛，西北至葱岭以西的中亚，北至蒙古，南至印度支那，这个巨大的版图应该说是当时世界上最大的版图，可以说唐朝此时已经开始向当时最强大的国家发展，向最强大的封建帝国迈进。

初唐时期城市开始繁荣，唐代的首都长安城，周围约有三五公里，其规模之巨大，为当时世界所少见。除长安外，

洛阳、扬州、广州、益州（成都）、凉州等城市也都非常繁华富庶。而且对外交通也很发达，陆路有北、中、南三条路通往中亚和印度。水路方面，中国海船可以远航至红海、印尼、日本。当时所有的亚洲国家都和中国有经济文化的往来。而朝鲜、日本、印度，中亚各国和中国的关系最为密切，经常派使臣互通往来。

唐朝有如此发展，应该说很大程度

上与唐朝时倡导的民本思想有关。由于唐朝的统治者吸取了前朝兴亡的教训，尤其是太宗李世民经历了隋末农民战争，他意识到了百姓的巨大作用，所谓"得民心者得天下"，他体会得很清楚。贞观二年，唐太宗提出："凡事皆须务本，国以人为本，人以衣食为本，凡营衣食以不失其对为本。"这表明"三为本"的思想已渗透到朝野。其实也正是在这种思想的指导下，唐朝才能够在百废待举、

民生凋敝、几近废墟的基础上创造了初
唐贞观之治的奇迹，打开了政治、经济、
文化全面繁荣的通渠。

统治者能够以民为本，因此他在选
拔人才上也会从民本考虑。唐初沿用隋
朝时设置的科举制，历史上曾有这样的
记载："武德四年，复置秀才、进士两科。"
又"高祖武德四年四月十一日，敕诸州学
士及白丁，有明经及秀才、俊士、进士
明于理体，为乡曲所称者，委本县考试，

州长重覆，取上等人，每年十月随物入贡。至五年十月，诸州共贡明经一百四十三人，秀才六人，俊士三十九人，进士三十人"。这说明唐高祖武德四年，唐统治者决定恢复隋朝时设置的明经、秀才、进士等科，并于武德五年正式开科取士。到唐太宗时励精图治，不断对唐朝的各项政策、制度进行改革。在这种情况下，科举制度也逐渐成熟与完善起来。而且唐代以

来，官学、私学教育兴盛，培养了大量具有较高文化素质的人才。例如贞观以后，仅太学生就有八千余人。一反魏晋以来保护士族特权的九品中正制，通过明经、进士等常科以及其他种种名目的制科考试，选取官吏。

狄仁杰便是明经出身。这一制度能够激发世人成就功名事业的理想。因此这个时代涌现了许多英豪，对后世有着深远的影响，其中有横空出世的英雄、贤明有道的君王、才华横溢的文士，也有辅助君王治理天下的贤相，狄仁杰便是其中的代表人物。而狄仁杰能够举荐贤才也源于当时这样一个时代背景。执政者为巩固自己的统治、安抚百姓，同时也需要大批人才执行这一政策。因此从社会角度来看，狄仁杰知人善任得到成功，是符合当时社会情况的，如果是在九品中正制的背景下，即便是他想举

荐贤才也只能是心有余而力不足。这个
繁盛的时代为一代贤臣提供了建功立业
的机会；而这些英雄豪杰的存在，也让
这个时代更加光彩照人，真可谓是相得
益彰。

# 二、河曲之明珠，
## 东南之遗宝

狄仁杰出生于官宦家庭，祖父狄孝续，为贞观朝尚书左丞。父亲狄知逊，曾任夔州长史，是一位很有修为的读书人，他经常告诫狄仁杰要谨言慎行，修养德行，这样才能为国为民效力。由于在这样的家庭长大，狄仁杰从小就很熟悉为官之道，加之从小就受到良好的教育，为他以后的作为奠定了坚实的基础。

狄仁杰从小就胸怀大志，寄心于天下苍生。他的父亲狄知逊有一次问他长

大了想做什么，也就是看他有什么志向，他的父亲本是无心问问，却没想到狄仁杰回答说："我想当一名好宰相。"狄知逊听了，哈哈大笑说："小小年纪竟然口出狂言。"作为父亲，狄知逊以为这是小孩子的玩笑之言，并未当真，但是下面的回答却改变了父亲的想法。狄仁杰的回答是："那我就当一名医术高明的医生。"听完之后，他父亲感到很奇怪，因为从宰相到医生差距很大。这孩子变得这样离谱不知是怎么想的，于是他就问狄仁杰这么想的原因。狄仁杰听了以后对他的父亲说："因为只有良医和良相最能够帮助天下的苍生，救民于苦难之中。"他父亲听了十分高兴，他真的没有想到儿子小小年纪竟然能有如此宽厚的胸怀和壮志，这真是很难得。狄仁杰的父亲给他请来了当地很有名的老师，来培养他的德行与学问。《大学》有云："自天子以至于庶人，壹是皆以修身为本。"狄仁杰从小就谨慎修行。因此他能够致力于江山社稷、黎民百姓，并且有能力为国效力。可以说，他忠贞的爱国思想与敏锐的用人眼光，成就了他的人生和事业。他知人善任的睿智源于那寄心于天下的胸怀，所谓"英雄出少年"并非没有道理。

狄仁杰为童生之时，十分酷爱读书。一次，县吏的门客被人杀害，这一事情影响十分严重。于是，官府派人四处去调查此事。当官吏到狄仁杰学习之处调

查情况时，所有的童生都很关心这件事，全部去看，只有狄仁杰一个人端坐在椅子上，认真地读书。当看到狄仁杰如此态度，县吏心里很不是滋味，于是责备他不恭敬执事，狄仁杰却回答说："我正忙着同书中的圣贤交谈，哪有时间去理会这件事情？"官吏也没有办法，只好讪讪地离去了。狄仁杰学习十分刻苦，常常早起晚睡，为了让自己能够早起学习，

他特意订做了一个圆形的枕头，这样就很容易醒，一旦醒来他就看书。虽然这种学习方式在今天看来可能太过了，也许过于疲劳不利于记忆，但是能够看出狄仁杰是一个刻苦之人。他为了能够有能力为天下苍生服务，不惜劳苦，这种精神的确可嘉。

由于狄仁杰读书用功，因此顺利地通过了明经考试，被外放到汴州当了判佐的小官（这个官职相当于副市长的秘

书），由此开始了他的从政生涯。他在工作中尽职尽责，他天生有种发现人才的睿智，在小小的汴州受他提拔的不下百人。而且他懂得如何使这些人的潜力得到最大的发挥。林子衡因被诬陷而入狱，调查案子时狄仁杰查出了冤情，使其免于一死，并且发现他身手不凡，于是上报上级长官，让其入伍，后来在契丹来犯时，他屡立战功。

狄仁杰为人才德兼备，同时也不喜

欢阿谀奉承，做事一向秉公执法，丝毫无徇私之情，这也使他受到了小人的嫉妒。在一次公事中，他被人诬陷盗取公款，被押入大牢。老子说："祸兮福之所倚，福兮祸之所伏。"这次入狱使狄仁杰因祸得福。因为办理此案的阎立本在受理讯问时，不仅弄清了事情的真相，还给了狄仁杰以清白，而且他还发现狄仁杰是一个德才兼备的人物。因为当时很多人出来为狄仁杰作证，并且告诉阎立本

狄仁杰是一个仁德之人，而且政绩卓越等等。这些事实让阎立本感到惊讶，他说："仲尼云：'观过，斯知仁。'"称他为"河曲之明珠，东南之遗宝"。用遗落在河中之明珠与海中遗失之宝来比喻人才被埋没，用来形容得到狄仁杰这样的人才的喜悦。如此高的评价，可见阎立本对狄仁杰是十分赏识的，于是他推荐狄仁杰做了并州都督府法曹。当时狄仁杰在公堂之上对阎立本所说的话，深深打动了阎立本，他说："大丈夫应当仰不愧

于天，俯不怍于人。尽心尽力为国效力，死而无憾。"阎立本从中感受到了他心系天下的志向，和那颗为国为民的赤胆忠心。而且品格是如此的刚毅，让他很受震撼，他相信多年之后这位青年一定会有更大的成就，他的确很有慧眼，发现了这颗璀璨的明珠。让他能够发出光芒，照亮天下。这也许是一种君子之间的默契吧。总之经历了这段小插曲，狄仁杰的从政之路更加稳定了。

出任并州都督府法曹之时，狄仁杰已经离开家乡数年之久，因为工作忙碌，所以一直没有时间回家看望父母双亲，因此他很挂念父母，常常托人给父母捎信报平安，并且表达自己不能在身边尽孝的遗憾，狄仁杰的仆人常常看到狄仁杰深夜时向家乡的方向跪拜。还有一次他同官差办案，抵达太行山，在攀登太行山的时候，他们一行人有些累了，于是在山腰中歇息。狄仁杰望见太行山巅

暮霭重重，心中便升起对家乡的眷顾之情，他想起了小时候常常与父亲一起在秋高气爽的时节爬山。记得有一次，同父亲爬山爬了一半时他就不想爬了，因为太累了，他就对父亲说自己的脚崴了，但是父亲看出了他的心思，于是给他讲了一个故事：古时候有一位贤君名叫舜，舜的为人十分诚实，从来不说谎，因为说谎多了就会失信于人，别人就不相信他了，失去了别人的信任是很可怕的，这

可不是仁人君子之所为啊！听了父亲这样一席话，狄仁杰认识到了自己的错误，于是他告诉了父亲事实，父亲笑了，说："累了就歇一会，不用说谎掩饰啊，自己累了不丢人，丢人的是找借口掩饰自己没有这个能力。"狄仁杰点点头，从此他也记住了这句话，要踏踏实实地做人。想着想着，狄仁杰的眼角有些湿润了，他擦了擦眼角的泪水，向东南方望去，只见一片白云孤单地停在半山腰上，

这让他更加想念父母，同行人看到他很
伤感，于是问他原因，他回答说："你们
看那白云之下就是我的家乡啊，我的父
母就在那下面住。我已经多年没有看到
他们了，不能在他们身边尽孝。真是愧
对他们啊！"狄仁杰望着天上的白云，他
真的很想念父母，可是自古忠孝两难全。
他只能将思乡之情寄托于这片白云，让
白云带去他的思念，以慰父母的念儿之
心。他望着白云久久不能离去，直到白

云散开他才离开。这件事很快就传开了，人们对他的孝心十分赞赏。后来，人们常用的"白云亲舍""白云行处""白云思亲""白云孤飞"的典故就来源于此。

狄仁杰为人很厚道，同狄仁杰一起工作的参军郑崇质奉命要到离家很远的荒凉之地去办事，需要很久才能回来。但是郑崇质有一个年迈的母亲，并且病重多年，需要儿子在身边照料。丢下久病的老母亲远走他乡，这让郑崇质很为难，也很难过，他常常叹气不知该如何是好。狄仁杰十分同情他，就去找主管的官员蔺仁基，他说："郑崇质的母亲常年生病，如今更离不开他，所谓儿行千里母担忧啊，何况是一位已到风烛残年、体弱多病的母亲，我们怎能忍心让她担忧呢？而且郑崇质因此也会分心，这如何能把工作做好呢？我愿意替他出使，请您派我去吧。"蔺仁基听了很感动，当时他因为一些误会与司马李孝廉关系很

僵，两人原本是朋友，现在却都以看对方的笑话为乐。当他看到年轻的狄仁杰如此仗义，于是也想起了曾经与李孝廉在一起的点点滴滴，想到两人共同患难的经历，想到李孝廉在自己贫困之时，给予自己的帮助，他感到很难受。如今狄仁杰的宽厚让他感到惭愧，于是他鼓起勇气找到了李孝廉，并把这件事告诉了他，他说与仁杰相比，我们实在是太不应该了，李孝廉听了也非常感动，于是

两人和好如初。从此以后，他们逢人就说狄仁杰如何体恤他人，为了别人能够出使荒凉之处。夸狄仁杰说："狄公之贤，北斗之南一人而已。"

从他的成长历程可以看出，狄仁杰在青少年时期就已经具备了一个好官必备的素质——忠、孝、友、悌、礼、义、廉、耻。阎立本的称赞真的很贴切，他的确是"河曲之明珠，东南之遗宝"。

# 三、执法必严，刚正不阿

　　唐高宗年间（676—679 年），狄仁杰被任命为大理丞，当时的大理寺负责流刑以下的审批工作，其上有刑部和御史台，刑部负责对大理寺审理的案件进行复核，御史台则对刑部和大理寺进行监督，纠正它们审案过程中的失误之处。大理丞负责的工作是定刑罚、勘刑狱。在任期间，狄仁杰做事刚正不阿，廉明公正，而且办事效率很高，他在短短一年之中就判决了大量的积压案件，其办

案涉及到1.7万人，而且没有冤诉之人，因此在当时他名声大振，成为朝野推崇备至的断案如神、摘奸除恶的大法官。而这也奠定了他在朝中的地位。

仪凤元年（676年），左威卫大将军权善才的一个侍卫军军士犯了法，权善才依法查办了他。这个侍卫军怀恨在心，便将权善才和左监门中郎将范怀义误砍昭陵柏树的事告诉了唐高宗，在当时这是十分不恭敬的事。因为昭陵是唐太宗李世民和文德皇后的合葬墓，这使唐高宗大怒，因此高宗下令将权善才和范怀义处死。权善才和范怀义是两位难得的定国安邦之才。何况按照法律他们只能处以免去官职的处罚，根本不应该被判处死刑的。狄仁杰了解此事后，便向高宗奏明其罪不当死，但是唐高宗疾言厉色地说："权善才等人斫陵上树，是使我不孝，必须杀之！"狄仁杰则神色不变，据法说理："当君主愤怒之时向君主谏言，从古至今都很难做到。因为君王盛怒之下，可能会有失去生命的危险。而臣以为如果遇桀、纣这样的君主，则不容易

做到在君主愤怒之时向君主谏言。但是如果遇到了尧、舜这样的君主，在他们盛怒之下谏言就很容易了。因为明主是会纳言的，并且会理解谏言之臣的苦心。臣之所以敢谏言就是因为臣庆幸遇到了明君，按照法律规定权善才等人不该杀，如果皇上要杀他们的话，这就违背了法律，如果我们在上者不按法律行事，那么法律还有什么威信呢，老百姓又如何相信法律、用法律来约束自己、保护自己呢？"他顿了顿又说："如今陛下以昭

陵一株柏杀两位将军，那么千载之后，该谓陛下为何主？因此臣不敢奉命去杀两位将军，让陛下蒙受此不义之名。"高宗听后，冷静地想了想，觉得狄仁杰的话很有道理，于是改变了主意，赦免了权善才等人的死罪。高宗十分佩服狄仁杰的公正廉明，并将此事记入史册，为的是让后人记住这位廉洁爱才、敢于直谏的好官。

权善才十分感谢狄仁杰的救命之恩，亲自去狄仁杰府上感谢他，他带了百两黄金。权善才说："承蒙大人直谏，善才才有此再生之日，今倾尽家财，为报大人的再生之恩与知遇之恩。"说完便向狄仁杰双膝拜下，狄仁杰将其扶起，笑着说："将军何必行此大礼，我犯言直谏是为人臣者分内之事，将军乃国之将才，怎能因误砍柏树而死？"权善才希望狄仁杰能够收下这些金子，他说："大人一定要收下，这是我的一片心意，我深夜来此就是为了掩他人耳目，这事只有你

我知道，您收下了并不会影响您的廉明
之品。"狄仁杰听完后哈哈大笑，"将军
此言差矣，哪里是你知我知，还有天知
地知呢！"然后狄仁杰顿了顿又说："《大
学》有云：'十目所视，十手所指，其严乎？'
我是尽心尽责秉公执法，这是我的职责，
如果收您之厚礼，就违背道义了。"看来
狄仁杰真是一个谨慎修德之人，权善才
更加地感恩于狄仁杰，因此尽心尽力地
为国效力。

狄仁杰对待犯人也能够心存宽容之心。一次他视察监狱，看见一个狱卒正在鞭打囚犯，囚犯被打得遍身流血，而且狱卒面有怒气。他忙下令狱卒停手，问："你为何鞭打这个囚犯？"狱卒跪下来说："禀告大人，此人太可恶了，居然对朝廷不敬，辱骂朝廷，真是太违法悖理了，不由人不怒啊！我打他是顺民意啊。"狄仁杰听了，马上说："就算他有不敬

之言，你也不能如此待他，这样会出人命的。"于是他命令狱卒将犯人放下来，询问原因。原来这个犯人因为灾荒之年无法生存，偷了别人的东西而被判刑入狱，他心中不服，怨恨朝廷让他无法生存，所以辱骂朝廷。狄仁杰听了慨叹一声说："这是因为我们的过失啊，正是因为朝廷的过失，才让百姓对朝廷失去了信心，他做坏事也不是他情愿的，我们应当怜悯他啊，怎么还能鞭打他、对他发怒呢？所谓上天也有好生之德呀！"于是他让狱卒善待这个囚犯，不要再鞭打

他了。狄仁杰能够如此宽厚地对待犯法之人，说明他并不是一个冷面无情的人，他坚持处罚犯人是为了维护法律的尊严、社会的安定。从这一点上看，狄仁杰可谓是一个有良心的好官。

为了维护法律的正义，对于国之将才，狄仁杰能够竭尽全力去保护，对于那些祸国殃民的奸臣，他则是不惜一切代价将其铲除。昭陵柏树之事结案后，狄仁杰被唐高宗任命为侍御史，这是一

个很有实权的官职，他的任务是负责审
讯案件，纠劾百官，也就是监督百官是
否忠于职守。因此很多人都想和他套近
乎，但是狄仁杰并不因此而傲慢无礼，
对人依旧如初，这更加让人尊敬狄仁杰。

　　在任职期间，狄仁杰铁面无私，对
那些阿谀奉承、恃宠怙权的高官，他从
来不留情面，对他们进行弹劾，让他们
受到应得的惩罚。

司农卿韦弘机为了取悦高宗皇帝，上书建造宫殿，获得批准之后，他便开始动工，在调露元年（679年），宿羽、高山、上阳等宫殿竣工，这些宫殿宽敞壮丽，的确是能让人尽享声色犬马之所。高宗皇帝龙颜大悦，给予司农卿韦弘机以奖励，完全没有去想在这几年的建造过程中，韦弘机耗费的人力物力是多么巨大，而且宫殿所占的建筑之地全都是良田，使很多百姓因此失去了生活来源，

再加上所负的徭役，他们的生活更加艰
难。朝中有很多人因此很愤怒，但此时
韦弘机已经成了皇上身边的大红人，备
受皇恩的宠爱，只是敢怒不敢言，而刚
正的狄仁杰却不考虑一己之私。他上奏
章弹劾韦弘机，说他引导皇帝追求奢泰，
应当将此风气止住，不然将遗害无穷。
高宗有些迟疑，因为韦弘机的确让他很
开心，但是狄仁杰告诫皇帝说："为君如
果养成这种不正之风，那么下臣必要效

仿，何况这次劳民伤财，已使百姓怨声载道，如果皇上还纵容此事，那么全国将如何看待皇上，又该如何尽心为皇帝办事呢？"所以狄仁杰依法将韦弘机查办，因此韦弘机被免职。这样一来，也遏制住了这种追求奢华的不正之风。这件事大快人心，朝野之上都称赞狄仁杰是一个任人唯贤、不畏权势的好官。

当时，朝堂之中还有一位左司郎中叫王本立，深得高宗的信任，这位左司郎中常常恃恩用事，朝廷上下都很畏惧他。王本立利用自己的权势徇私枉法，完全不把法律放在眼里，一些善于钻营的小人都依附于他，他们结党营私做尽坏事。把朝野上下弄得一片乌烟瘴气。狄仁杰不顾王本立身居高位和深得皇帝宠幸，毫不留情地揭露了王本立为非作歹的罪行，并请求将王本立交付法司审理。唐高宗想宽容包庇王本立，他说："本立乃国家的人才，目前正是用人之际，当为国家社稷着想，本立已知错误，日后定能改正。"言语中有让狄仁杰宽待此人之意，然而狄仁杰却以身护法，他说："国家虽然缺乏英豪俊才，但绝不缺少王本立等人！陛下何惜罪人而使国法失去效力。如果您让臣屈从您的旨意赦免本立，那么臣请求您处臣以包庇之罪，流放臣于无人之境，以便来警戒将来的臣子能够为您尽忠贞之心！臣死不足惜，只恐危及您的江山社稷。"在这样的据理力争之下，王本立最终被定罪，狄仁杰的胆识让朝廷肃然。从此以后，朝野之中充满了一片正义之气，再无肆无忌惮为所欲为之人，因为他们都惧怕狄仁杰这位铁面无私的大法官。

# 四、爱民如子——狄青天

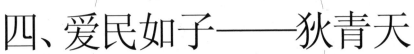

　　狄仁杰是一个处处为民着想的好官，他存心为民，把百姓的利益看成是定国安邦之本。狄仁杰曾经官迁度支郎中，一次，高宗皇帝准备巡幸汾阳宫，任命狄仁杰为知顿使，让其先行一步，负责布置皇帝一行人中途的食宿之所。皇帝此行要经过并州境地的妒女祠，当地有一个传说，如果有女人穿着华丽的衣裳从妒女祠前面的道上经过的话，就会招致风雷之变。因为皇帝一行人中，穿华丽衣裳的女子有很多，为了避免亵渎所谓的神灵，并州长史李冲玄打算修一条新的驰道，准备征发数万人。这次另开御道的工程十分巨大，而且时间很紧，浪费的民力物力将会不计其数。狄仁杰对李冲玄说："天子之行，一路之上有千万人马，天上的风伯来为天子清除灰尘，雨师来为他洒扫道路，区区的妒女如何能够不避开呢？"于是便将此事

作罢，让皇帝一行人仍从原路走。这一举措免除了并州数万人的劳役，节省了大量的开支，减轻了百姓的负担，并州百姓称其为"狄青天"。唐高宗听说此事后，不由得赞叹说："真大丈夫矣！"狄仁杰真的很有魄力，又有处理问题的智慧，他存心为民，处事得当，不迷信妒女，并且还给帝王戴了一顶高帽子，即便是帝王对妒女有所忌讳，也会因他那句话而作罢，"一个受天神敬仰的天子怎会

惧怕区区妒女的加害"。这也是狄仁杰的过人之处。

狄仁杰最有作为的时期是在武则天执政期间，这一时期他的经历非常惊险，但是也更加表现出了他的非凡与伟大。武则天垂拱二年（686年），狄仁杰出任宁州（今甘肃宁县、正宁一带）刺史。当时的宁州为各民族杂居之地，因此民族关系非常复杂。在到任之前他便找来当地的人了解情况，并接受了一位部下的建议，使少数民族与汉族的关系得到了妥善的处理，因此郡人为他勒碑颂德"抚和戎夏，内外相安，人得安心"。当时御史郭翰巡察陇右时，称赞狄仁杰的百姓站满了街头，那阵势让郭御史为之动容。于是，郭翰返朝后便上书武则天向其举荐狄仁杰，狄仁杰因此升为冬官（工部）侍郎，出任江南巡抚使。任职后，当地的百姓向狄仁杰说明了当时吴、楚多淫祠的弊俗。狄仁杰听后便奏请焚毁祠庙一千七百余所，仅留下夏禹、吴太伯、季札、伍员四祠，这个举措使百姓的负担大大减轻。在实行焚毁时，狄仁杰在当地选了几位有德才的人，本来需要耗

时半年的工程，仅四个月就完成了。可见其办事效率之高。因为狄仁杰爱护百姓，善于处理各种政事，因此宁州的百姓为狄仁杰立碑，来歌颂他的功德。

垂拱四年（688年），因不满武则天当政，博州刺史琅琊王李冲起兵造反，当时的豫州刺史越王李贞也起兵响应。武则天平定了这次宗室叛乱后，派狄仁杰出任豫州刺史。当时，因为此事被株连的人达到上千人，在监的有六七百人，籍没者多达五千人。狄仁杰深知他们都是被迫在越王军中服役的，事情败露后

又要承受反叛的罪名，这些人真的是很冤枉。因此，狄仁杰秘密上书武则天说："陛下，我写此书是为了请您能够对被逼在越王军中服役的百姓网开一面，我不能公开地说这些，因为我怕别人说我为叛逆者求情，但是如果我不说，又会使您爱护百姓之名受损，这个奏呈我也是写了又撕，撕了又写。因为这些人当时也是被逼着帮着越王的，并非本意，如今因此事受到牵连，陛下应该怜悯他们，不要再给他们定罪了。"武则天是何等人，她之所以派狄仁杰处理此事也是有深意的，因为武则天当政已使朝野之中有很

大矛盾，她也想缓和一下，不能树敌太多。于是武则天听从了他的建议，特赦了这批死囚，免了他们的死罪，将他们流放，这样一来就安抚了百姓。当这些百姓流放到宁州的时候，宁州的百姓迎接并慰劳他们，并且自豪地告诉他们："是我们的狄公救了你们的命啊，你们知道吗？"于是两州的百姓在纪念狄仁杰的功德碑前痛哭，并且祭拜了三日，这些流放的百姓才离开。等他们到了流放的地方也为狄仁杰树碑来纪念他。这个动人的场面在史书上也有明确记载，可见狄仁杰仁德的影响是多么深远。

当时，平定越王李贞叛乱的是宰相张光辅，他手下的将士仗着自己平定有功，在豫州之地大肆勒索，并向地方官索要财物，狄仁杰并不供给。他们便故意肇事扰乱当地治安，闹得当地民心惶惶。张光辅为了能够得到更多的战功，想要处死已降的叛兵和百姓，然后向朝廷报告说是在战场上杀死的，正直的狄

仁杰没有答应，反而怒斥张光辅杀戮降卒，以邀战功的行径。他说："从前使河南民心不安的，只有一个越王贞而已。如今一贞死而万贞生。"张光辅问狄仁杰此话是何意，狄仁杰说："您统领三十万军马平定了越王之乱。然而您却放纵他们欺压百姓，让无罪之人惨遭杀戮，这不是一万个越王是什么？当时叛军以凶恶之势威胁他们，他们不得已才入敌营，并且也是屈从，当我们朝廷军队来的时候，有数万人前来归顺，并协助我们取

得了胜利。而今却要将这些有功之人杀死，是何道理。这恐怕会怨声载道，上至云霄了，如果能够有上方宝剑压到你的脖子上，我就是死也无憾了。"狄仁杰这般义正辞严，让张光辅无言可对。但是他却怀恨在心，他回朝以后便上奏皇帝说狄仁杰对自己出言不逊，致使狄仁杰被贬为复州（今湖北沔阳西南）刺史，入为洛州司马。

珍珠的光亮是不会埋没的，狄仁杰的才干与名望，武则天已经知道了，并且渐渐地视其为亲信。终于在天授二年（691年）九月，狄仁杰成为了地官（户

部）侍郎、同凤阁（中书省）鸾台（门下省）平章事，开始了他第一次短暂的宰相生涯。身居要职之后，狄仁杰更加谨慎德行，修身齐家。有一天，武则天对他说："卿在汝南之时，政绩很好，很有作为，你想知道都有谁说了你的坏话吗？"狄仁杰回答说："陛下认为臣有过，臣一定努力改正，如果陛下知晓臣并无过失，那臣就应该庆幸了。臣如果不知道谁诋毁了我，会和他们相处得很好，所以臣还是不知道的好。"这般坦荡豁达的胸怀让武则天深为叹服。

　　武则天信奉佛教，因此大兴土木建
造佛像和寺庙，加重了国家的财政负担，
当时一些人利用佛教这一形式，危害国
计民生。当时的皇亲贵戚竞相营造佛事，
奏请度人出家为和尚，其中有不少弄虚
作假的富裕人家的子弟，还有一些并不
学佛的强壮男子也纷纷削发为僧，以逃
避兵役。此风气影响甚大，不但增加了
人民的负担，还使国家兵力匮乏。狄公
看到这种情况后，用一个极其委婉的故

事告诫武则天，他说："在梁武帝时，有
一位落难的书生，因为家道中落，便去
投奔自己的姑妈。他姑妈家距离他家很
远，又没有钱买脚力，他只能一路步行，
他走了很长时间的山路，因为很累便想
找个地方歇息一下，但是四周人烟荒芜，
根本找不到休息之处。正在他十分焦急
的时候，突然看到一个古庙，于是他敲
门进去。给他开门的是一个小和尚，他
说了自己的遭遇，小和尚便禀告师父，

这位老和尚便给他安排食宿让他在寺中住宿两日。书生对老和尚的帮助很感谢，临走时，他很虔诚地礼拜佛菩萨，然后恭恭敬敬地从身上摸出了两文钱，他告诉老和尚这是他的全部钱财，希望能布施给寺庙，希望师父不要嫌少，老和尚看到他的真心，于是很感动，亲自为他做回向。多年之后，这位落难书生时来运转在朝做了大官，他带领一队人马带着上千两的黄金来寺庙里布施，可是老和尚却让小和尚为他做回向。"武后听了很疑惑，便问狄仁杰原因。狄仁杰说："这位书生也很奇怪，当日他仅有两文钱布施，而师父亲自给他做回向，而今带了千两黄金来布施，师父为何却让小师

父给他做回向呢？老和尚说：'当日公子倾尽所有布施佛菩萨，虽然仅有两文钱，但是却发自真心，我不亲自给您回向，无以报答您的真心，而今您虽然带了千两金但是您的真心没有当日真诚，所以让我的徒弟给你回向就好了。'听完老师父的话，这位书生感到很是信服。这个故事是说斗粟可以种无涯之福，二文钱比千金还要重要。因此说'佛不在外，悟之于心'。因此，真正尊重佛法并非是让百姓负担加重，这也不是佛菩萨的本意啊，佛教重的是实质而非形式。陛下，如今很多人利用佛教的形式来欺骗百姓，这样于国于民都是祸患无穷的，希望陛下对于此歪风邪气进行严厉打击。以安定国家，抚慰百姓。"听完此言，武则天便采纳了他的意见，诏告全国审查僧徒，将那些不是真心修行而是逃避责任的富家子弟及精壮男子，驱逐出寺院，勒令他们还俗，使得这一风气得到了很好的控制。朝野上下欢呼万岁。"智者无仁"，但"仁者定慧"。狄仁杰能够爱民如子，体恤百姓，因此他有智慧和能力为万民请愿，看到狄仁杰如此爱民的存心，我们可以明了狄仁杰的确无愧于历代清官的楷模。

# 五、被污入狱，机警保身

　　狄仁杰官居宰相参与朝政之时，也正是武承嗣得志之时，这一时期也是狄仁杰几次步入险境之时。武承嗣看到狄仁杰刚正不阿，而且言语中处处表露出李氏为皇家正统，这让武承嗣很是担心，他深怕狄仁杰将是他立为皇嗣的障碍之一。后来几次较量后，他就肯定了这一猜测。于是他便想方设法除掉狄仁杰。

　　武则天原本是一位皇后，因为她代多病的李治管理朝政，所以渐渐掌握了大权，后来她废掉了自己的皇帝儿子，自己当了皇帝。这让天下人很不服，当时有很多人反对她，因此她也怀有一颗多疑之心，对于谋反之事很是敏感。只要是有反的行为，不管此人有多大的功劳，武则天都会很反感，有人因此失掉了性命，因此一时之间朝野之中有种紧张的气氛。这时一些人便利用这个机会来铲除异己。这位武承嗣也是如此，他知道别的罪名不足以让武则天相信，但是谋

反之罪定会让武则天气愤，这样就会将狄仁杰除掉，这招的确很阴险。

长寿二年（693年）正月，武承嗣勾结酷吏来俊臣诬告狄仁杰等大臣谋反，这是他预谋已久的事。武则天很反感谋反，但她绝不会姑息，因此决定先调查清楚再说，如果无罪固然好，但是如果是真的也不会轻罚。这样，狄仁杰等就被关入了监狱。武则天对来俊臣说，只要查明真相就行了，千万不要对他们动刑。但是来俊臣没有按照武则天的意思去做，他对狄仁杰动用了刑罚，并且采

用了诱供的手法。因为当时法律中有一项条款："一问即承反者例得减死。"这是来俊臣逼迫狄仁杰承认"谋反"的一个圈套，狄仁杰如何不知道他的奸计，但是没有办法。与其被来俊臣酷刑逼死，不如等待时机，狄仁杰于是服了罪，他说："大周代唐，万象更新，我是唐的旧臣，应当被杀掉，我谋反是实！"来俊臣这么快就能得到满意的口供感到很高兴，他对狄仁杰说"这样才识时务"，于是便将狄仁杰等收监，只等到时行刑。

这个时候，判官王德寿心怀鬼胎，他想利用此机会来除掉自己平素的障碍——平章事杨执柔。于是，他来到狄仁杰的面前，告诉狄仁杰如果他能够诬告杨执柔也参与了这次谋反，他一定保证狄仁杰会从轻发落。狄仁杰听了，不由大怒，他说："你当我是何等人，竟然让我做如此有损阴德的事，让我有何面目存活于世。"狄仁杰说完便用头重重地撞击监狱的柱子，顷刻间血流满面。看到这种情况，王德寿感到十分震惊，他没有想到狄仁杰竟是这般正义而又刚烈之人，虽然自己身处囹圄，但绝不会牵

连无辜之人。可见他的高义，王德寿连连向狄仁杰道歉，说自己不该如此，忙叫人给狄公包扎伤口。狄公果然是高义之士，其高义之行让人佩服。世界上有很多人，在困难之中因为生存而失去了气节，这往往可以理解，毕竟生存是人的本能，但是在困境之中，能够依然维持正义坚守气节，这更加让人佩服。而狄仁杰正是这样的人，他没有为了自己的

生命出卖别人，真是一个仁人君子，那些小人的腐竹之光怎能与其日月般明亮的光芒相比？

来俊臣自以为已经完成任务，只等武则天下旨定狄仁杰的罪。他也放松了对狄仁杰的监视。在无人之时，狄仁杰拆开被头帛将自己的冤情写入，并将几日来所遭受的待遇全都写在了上面。写好之后，将其放入棉衣之中，又重新缝好，然后请狱吏转告家人取走其棉衣，他说：

"天气已经转热，所以就用不着棉衣了，请你让我的家人换件薄的衣裳，我的家人不会白让你走一趟的，一定会给你赏金的。"狱吏便答应了狄仁杰，把棉衣送到了狄仁杰家中。狄仁杰的儿子狄光远得到这份冤状之后，便将这份冤状上告。这时武则天已经得到了来俊臣的报告，说狄仁杰已经承认谋反之罪。武则天正半信半疑。武则天看了这个冤状便召见来俊臣询问，她说："我让你审问狄仁杰等人，让你不要动用刑罚，你怎么竟然违抗我的命令对其用刑了呢？"来俊臣并不知道缘由，辩解道："没有啊，我对狄仁杰很客气，天天好吃好喝的给他，还让他穿着朝服，他并没有受到刑罚，再说如果他没有犯罪，也不必把污水浇到自己的头上啊。"武则天知道来俊臣是个小人，他的话不足以相信，于是她派通事舍人周琳调查此事，让他看看来俊臣之言是否属实。但是来俊臣在周琳来之前就让人将狄仁杰的囚服脱下，换上朝服，并戴上朝冠站在监狱的西边。周

琳深知来俊臣的后台是武承嗣，因此不敢深看，没有看到西边，只是看看东边就草草回去复命了。来俊臣为了进一步使武则天相信狄仁杰谋反的事实，叫人以狄仁杰的名义写了谢死表，让周琳转交给武则天。周琳的调查虽然没有结果，但是此消息已经传遍了朝野，大家都为狄仁杰的冤屈感到不平。一次武则天宴饮群臣，并让群臣带领自己的家人前来

赴宴。在宴席之中，有一个孩子颇有灵气，他便是前宰相乐思晦的儿子，还不到10岁，既聪明又有胆识，能够从从容容地回答武则天提出的问题，武则天很是喜欢这个孩子，于是便允许他来宫中学习。一次与他闲聊，这个孩子说现在有很多人要被流放，他很伤心。武则天说他们是因为犯了谋反之罪，并问这个孩子是否喜欢谋反人？这个孩子顿了顿说："看看他们是否是被冤枉的了，要是来俊臣等人审理过的，就不可信了，因为重刑之下没有人不屈从。"这就等于告诉武则天，来俊臣判决的谋反之罪都是动用刑

罚、屈打成招造成的。武则天感到很震惊，连一个不到 10 岁的孩子都知道此事，说明来俊臣的话的确不可信。

经过这个孩子的提醒，武则天有所醒悟，于是亲自召见狄仁杰等"谋反"的大臣，她问狄仁杰说："你为什么承认谋反，又要写密信说自己冤枉呢？"狄仁杰从容不迫地答曰："陛下，要是我不承认谋反，不就早死在了来俊臣的刑罚之下了吗？"武则天又问："那么你为何要写谢死表叫人呈给我呢？"狄仁杰回答说："臣并没有写什么谢死表。"于是，武则天令人拿出谢死表，狄仁杰告知武则天说，这表上的笔迹和他的手迹并不相符。

武则天于是找来了周琳，在这样的情形之下，周琳只好说出了事实，告诉武则天这个谢死表是来俊臣伪造的。武则天知道此事真相后便下令释放包括狄仁杰在内的七人。但是由于武则天的疑心，她暂时还不想重用狄仁杰等人，于是将他们全部贬为地方官。

在此遭遇中，狄仁杰被贬为彭泽令。虽然被贬，但他很庆幸保住了生命，可以说，狄仁杰运用自己的才智机谋死里

逃生。以后，为了能够斩草除根，武承嗣多次奏请诛杀狄仁杰，但都被武则天拒绝了。其实狄仁杰的才智与为人武则天是了解的，尽管目前谋反一事让她心存恐慌，可以相信之人并不多了，但日后定会将其召回重用的。

在彭泽县任内，狄仁杰勤政惠民。赴任当年，彭泽因为久旱无雨，所以不能按时耕作，百姓无粮可食，狄仁杰上奏疏要求朝廷赈济灾民并免除租赋，救民于饥馑之中。万岁通天元年（696年），契丹攻陷冀州，为了稳定局势，武则天起用狄仁杰为魏州（今河北大名一带）刺史。狄仁杰到职后，看到前刺史独孤思庄让百姓到城里修缮围墙，非常担忧。因为此时正是耕作之时，这种做法耽误了农时，这样会使粮食匮乏，造成前方粮草不足，后患无穷，于是狄仁杰让百姓返田耕作。契丹闻之后引众北归，使魏州避免了一次灾难。

　　狄仁杰能够在大起大落之中保持平
和之心，心中存留的是国家的安危，他
没有丝毫的利己之心，因此他在任何时
候都能够尽职尽责，哪怕是在监狱中九
死一生，也不会辱没自己的品德。因此
他才能够在监狱中找到生机。他在被流
放时，并不像一些落魄之人，因自己受
到不公平的待遇感到委屈或终日浑浑噩
噩，而是尽职尽责地做好自己的分内之
事，在人生低谷之时，他依旧乐观向上、
不迁怒于人，真是一位顶天立地的大丈
夫。

# 六、德抚四夷，定国安邦

在神功元年（697 年）十月，武则天
将狄仁杰召回朝中，官拜鸾台侍郎、同
凤阁鸾台平章事、加银青光禄大夫、兼
纳言，这就恢复了狄仁杰的宰相职务。
此时的狄仁杰已经成为辅佐武则天的重
要大臣，狄仁杰深感个人责任的重大，
因而尽心竭力地关心国家的前途。他提
出很多有益于社会和国家的建议，在以
后几年国家的社会政治生活中发挥了巨
大的作用。尤其是他对待少数民族的政

策，在今天看来仍具有进步意义。

狄仁杰认为对待少数民族应该以德使之安定，他曾上书说："天生四夷，自古以来都在先王疆界之外，所以东边抵达沧海，西边阻隔流沙，北边横着大沙漠，南边阻隔着五岭。这是上天用以限制夷狄而隔开中原和外地。从典籍记载看，国家声威教化已至三代时不能到的地方国。古时候，周宣王北伐至太原，文王将美好的教化推行于江汉流域。如今，三代边远之处，都已经成为我国的内地了，如果还对边远地区动用武力，在离国极远之处求取功利，就会使我国府库耗尽财粮，而又不能对那些人民征收赋税，土地也不能耕种纺织，如果只求取远夷臣服的称誉，而不致力于巩固根本、安抚百姓，这样根本不会定国安邦。前代的秦始皇和汉武帝已经是我们的前车之鉴，秦始皇为了扩充天下，不惜滥用武力，征集民力，使得天下百姓忍无可忍，以致于被人推翻。汉武帝也是极力追求扩大疆土、征伐天下，使人民不堪重负，

很多人饿死，很多人为了生存只好做了强盗，因此当时人民贫困，盗贼四起。幸好，汉武帝在晚年时悔悟，停止了征战，减免赋税，才使国家安定下来。如今陛下每年都征兵出战，耗费大量的财物。为了巩固西边的四镇与东面的安东，军事开支日益增大。百姓空虚贫乏、不堪负重。如今潼关以东地区大闹饥荒，蜀汉地区的百姓颠沛流离，江淮以南征税不停，使百姓不得不离开土地，为了生存做了盗贼。这样一来，国家富强的根本已

经动摇，这使我国的忧患加重。为了争夺蛮夷的荒凉之地，我们没有能力去安抚百姓。昔日汉元帝听从贾损之的建议而废掉了朱崖郡。汉宣帝任用魏相的计谋而放弃了车师屯田。他们不仅仅是不慕虚名，更重要的是他们不愿意耗费太多的人力物力，加重百姓的负担去舍本逐末，这正是亡国之策啊。近世贞观年间，平定了突厥国，任命李思摩为可汗让他来统治突厥诸部，这正是为了避免因戍守边疆而征民远去。夷狄反叛时去讨伐他们，降服后再安抚，这真是推倒灭亡，

巩固存在的道理啊。如今，臣以为应该委任阿史那斛瑟多为高丽国的可汗，委托他治理四镇，镇守安东。这样我们可以节省戍守安东的军费，集中兵力于边塞上，只要他们侵犯我边疆，就不必追究他们的责任，何必到其巢穴，与其计较长短呢？如果夷狄有冒犯之举就让他们还击，如果没有侵犯之意，就让他们勤加防范，这种以逸待劳的作战方式不是更加有利于边疆的安定吗？这样一来，夷狄是客我方为主，他们疲惫而来，我军正是养精蓄锐，哪有不胜之道理，吐蕃、突厥等辈也是如此，他们如果深入我军，则必会被颠覆；如果冒犯，也不会得到什么好处。这样，数年之后他们必将臣服于我国，我们不费一兵一卒就能得到安定。"这个建议对于定国安邦很有好处，许多有识之士都很赞同，但是武则天并没有采纳他的建议。

圣历元年（698 年），此时武则天年

事已高，所以需要定立继承人，这时武
承嗣、武三思，多次劝说武则天立自己
为太子，武则天犹豫不决。但是，狄仁
杰以国家的江山社稷为重，深知如果将
国家交予武氏后人定会给百姓带来灾难，
并且会引起暴动，他以政治家的深谋远
虑，劝说武则天应该顺应民心，立庐陵
王李显为太子。但是武则天也没有同意。
当时，大臣李昭德等也曾劝武则天还政
于李显，但是也没有什么结果。狄仁杰
明白武则天想让周朝能够长存，怕还政
于李，使自己的心血化为泡影，而自己的

侄子的确是不成器，让天下人担忧，她并不想违背民意。狄仁杰了解了其中的原因后，从母子亲情的角度劝说武则天："立子，则千秋万岁后配食太庙，承继无穷；立侄，则未闻侄为天子而附姑于庙者也。"武则天说："此朕家事，卿勿预知。"狄仁杰听后，郑重地说："王者以四海为家。四海之内，孰非臣妾？何者不为陛下家事！君为元首，臣为股肱，义同一体。况臣位备宰相，岂得不预知乎？"

武则天听完有所感悟，于是便采纳了狄仁杰的意见，亲自将庐陵王李显迎接回宫，立为皇嗣。狄仁杰知道尽管李显并不是贤主的最佳人选，但是因为武氏夺政已经在朝野上下引起了不满，如果不在立太子这件大事上做出顺应民意的决定，定会天下大乱的。此举也让狄仁杰成为了再造唐政的第一大功臣。

圣历元年（698 年）秋，突厥南下侵犯河北，河北受到威胁。武则天任命狄仁杰为元帅平定此乱。突厥默啜可汗烧杀抢掠无所不做，掳掠赵、定等州青年男女万余人，然后退至漠北，狄仁杰无力追击，于是武则天改任他为河北道安抚大使。狄仁杰查清情况后，上书武则天，他说："许多百姓因曾被突厥俘虏、被其驱使做事，在突厥撤退之后，他们害怕被杀，很多人都逃跑躲藏，朝廷中很多人主张惩罚他们，虽然他们行为不同，但是都是投降了敌人，应该受到惩罚。

崤山以东的调取征伐，过于严重，有很多百姓因此家破人亡，加上地方官吏敛财，加大了对百姓的剥削力度。想想这种情形，他们还会考虑遵循礼仪吗？在困难之中没有办法，为了生存只好投降外夷，这种行径不为君子所赞同。但是，小民哪有那么高的境界呢？还有一些人是被突厥所逼，只好暂时投降他们，等待官府军队的到来，可是官兵来了之后，却将一些降服之人杀掉以取得所谓的战功。并且他们还要对那些被俘的百姓进行烧杀抢掠、肆意凌辱。当时，敌人在时对他们还丝毫无犯，而我们的官兵到了却如此残害，真是让人心寒呀！人像水一样，如果堵塞他，定会爆发洪水，不如疏导它，让它成为河流为我所用。如今那些逃走的人，一定会躲在山上。为了生存，他们也许会落草为寇，这样会使局面更加混乱，崤山以东的匪盗就是这样形成的，臣以为边疆不安定是暂时的，不是大患。然而，内地不安才是大事，必须要加以制止。因此，臣请陛下宽恕戴罪之人，让他们内心安定，这样他们就会安定下来不会作乱，请陛下三思，特赦这些罪民，一律不予追究，让他们回到家乡好好生活，安定民心才是治国大略啊。"武则天同意按此行事以定民心。狄仁杰将这些百姓赦免，并且开仓放粮赈济灾民以安抚民心，还命令地方官员修建驿路以济旋师。这样也可使

军队能够休养生息。同时他严禁部下侵扰百姓，违令犯法者当斩。经过狄仁杰的治理，战乱后的河北很快恢复了安定。

对国内外形势有如此精湛的分析，表明狄仁杰是一位定国安邦之才，面对历代以来的边疆问题，他找到了有效的防范措施，他所主张的"主客之说"，的确是高明的办法，这是一个既能够使内不会因负担沉重而怨声载道，对外又能够有效防范的措施。真是一举两得的办法。这说明狄仁杰考虑问题很深远，而且处处为国为民，丝毫没有自私之心，他之所以能修身齐家治国平天下，正是因为他有如此宽容的心胸，"人不犯我，我不犯人"的战略看似被动，但是绝对是一个治国安邦必要的政策。让国家以德来安抚四夷，以气势来制敌，同时又能够安民，真是一个万全之策。

在应对战争残局时，狄仁杰能够分析出事情的缘由始末，表现了他杰出的

智慧。他能够体恤民情，以此来安抚百姓，不但为朝廷处理了日益混乱的战局，也保全了无辜的百姓，让他们能够安身立命。狄仁杰真可谓是功劳盖世啊。

# 七、知人善任，推贤任能

狄仁杰一生都在不断地选拔人才，朝廷中很多有廉政爱民之称的好官都是他举荐的。

狄仁杰之所以能尽心尽力地举荐人才，除了他自己的才德，还受另一个人的影响，他就是和狄仁杰同为宰相的娄师德。但是狄仁杰对娄师德表现得很傲慢，因为他认为娄师德是个没有大才的人，却占据高位，他很为有才德的人抱不平。其实，狄仁杰当宰相之前，是娄

师德让武则天知晓狄仁杰的才华的，他建议武则天对狄仁杰应委以大任，这也坚定了武则天召回狄仁杰任为宰相的信心。但是狄仁杰对此事却一无所知，他认为娄师德不过是个普通武将，而且表现也很无能，根本不像是一个有将相之才的人物，认为他不该担任要职，想将其调到外地。后来娄师德过世了，有一次，武则天与狄仁杰商讨完国家大事后，让狄仁杰与她去御花园走走，在路上，武则天问狄仁杰："你认为师德是否是贤德之人？"狄仁杰说："他是一个很忠于职守的武将，是否贤德我就不知道了。"武则天又问："那么师德是否知人善任呢？"狄仁杰说："我们曾经一起共事，据我所知他并未有此能力。"武则天笑着说："但是，朕用卿却是师德推荐的，由此看来他有这个能力。"狄仁杰有些疑惑，武则天看了出来，她叫人去拿以前娄师德推荐狄仁杰的奏章给狄仁杰。狄仁杰接过奏章后，看到上面都是写有赞叹狄仁杰如何有德才，并请陛下考虑委以重任之言辞。狄仁杰看后十分惭愧，叹息道："没想到娄公有如此盛德，平日里我瞧不起他，只是觉得他不中用就想让他给贤才让位。如此看来我真的是气量太小了，真的是太不及师德。"经过此事后，狄仁杰便消除了芥蒂，更加努力地物色人才，向武则天推荐。

后人认为，最能体现狄仁杰知人善任这一美质，应该是狄仁杰为官的后期，

即他年迈之后。在狄仁杰年迈之时，武则天曾让他举荐一名将相之才，狄仁杰向她推举了荆州长史张柬之。他说："您要的如果是风雅有才学的人才，那么李峤与苏味道便是合适的人选。如果是治国的贤才，那么张柬之便是合适的人选，他沉厚有谋，虽然年老但能断大事，唯陛下急用之。"这位张柬之便是继狄仁杰之后唐代著名的宰相。张柬之，字孟将，襄州襄阳（今湖北襄樊襄阳）人。少补太学生，涉猎经史，尤好《三礼》，国子祭酒令狐甚重之。进士擢第之后，他累补为青城丞，历任荆州大都督府长史。狄仁杰举荐他时，其正出任为荆州长史，于是武则天将其升为洛州司马。但是狄仁杰告知武则天他所举荐的是治国的宰相而非司马，由于狄仁杰的大力举荐，张柬之被武则天任命为秋官侍郎。又过了一个时期，经过武则天的考察，发现张柬之的确是一位难得的人才，于是将

其升任为宰相。

《东飞伯劳歌》是张柬之写的一首诗——"青田白鹤丹山凤，婺女姮娥两相送。谁家绝世绮帐前，艳粉芳脂映宝钿。窈窕玉堂襄翠幕，参差绣户悬珠箔。绝世三五爱红妆，冶袖长裾兰麝香。春去花枝俄易改，可叹年光不相待。"表达了他对时间易逝的感叹，也表明了他虽然年岁已高，仍然存有为国效力的志向。

张柬之沉稳有谋，果断敢行。此时

虽然年已八十有余，但复唐雄心一直存留于心。原来其在早年任合州刺史时，便与荆州长史杨元琰相互有约："他日你我得志，当彼此相助，同图匡复。"当张柬之入朝为相时，立即推荐杨元琰为羽林军将军，让他控制京城军权，以备李唐江山情况危急之时任用。在武则天生病甚笃、神智趋向不清之时，他的两位男宠张易之、张昌宗兄弟成了危害李唐政权的罪魁祸首。张昌宗、张易之平时依仗武则天的宠爱肆意妄为，因此树敌甚多，他们怕武则天去世之后，自己无法图存，所以暗蓄异谋，想夺取天下。当时的情况十分危急，如果不作出果断的决定，肯定会天下大乱。这样一来，当时士大夫匡复李唐江山的理想就更加难以实现了。在这个危机时刻，宰相张柬之决定用强硬手段让天下恢复李姓。从现在来看，当时必须用这种发动政变的手段才能扭转当时的混乱局面，因此

这个政变是正义的，并不是简单的统治
集团内部夺权的斗争。

张柬之与诸位大臣密谋商讨此事，
在诸事安排妥当之后，张柬之率领亲信
军队，直入玄武门，并派人强行从东宫
找来胆怯疑惧的太子李显，让他随众人
一起进入内殿之中。他们行动迅速，让
他们的敌人张昌宗、张易之措手不及。
当张柬之的军队奔向皇宫时，张氏兄弟
正在皇宫中饮酒作乐，等下人听到外面

有动静、告知他们情况的时候，张柬之等人已经快到武则天的寝宫了。当他们匆匆忙忙从武则天的寝宫中跑出来想打探一下到底发生了什么事情时，正巧被张柬之等人碰上。应该说他们的生命是到了该结束的时候了，张柬之当下就决定将此二人就地处斩，斩了二人之后，张柬之等人带着二人的首级直奔武则天的寝宫。在长生殿寝宫门口的侍卫环立拒进，张柬之见到这种情况，现金刚怒目相，大喝一声"退下"，并且大声说："尔等不知道李唐江山要匡复了吗？"长生殿前的侍卫看到这种情况非常识时务，将张柬之等人放行，张柬之等人便大踏步走进了武则天的卧室。

武则天听到外面如此骚乱，知道已经出了大事，而且久久不见张氏兄弟，料想必定已有不测发生。正当她心中忐忑不安之时，张柬之一干人已经走到了她的面前。此时身染重病的她竭力支撑起身子，厉声问道："哪个人敢如此大胆？"
张柬之命令亲信的兵卒后退，自己带着
太子跪倒在武则天的床前，张柬之慷慨
激昂地说："张易之、张昌宗谋反，臣等
奉太子令，诛杀这两位逆臣贼子，因为
怕节外生枝，所以不敢预闻，而今我们
已经处决了这两位逆臣……"

武则天听后明白了一切事情，知道
今天自己很有可能会失去以往的势力，
但是她不甘心，她的反应很强烈，表现
得很强硬，她对太子怒目而吼："你果真
如此大胆吗？现在张氏兄弟已被你们诛
杀了，你已经完成了你的任务。现在你该
回你的东宫了。不要再打扰朕了。"太子
有点动摇，而且太子平时软弱，对自己
的母亲丝毫不敢违抗，今日之举让他已
经诚惶诚恐了，所以他想退出，张柬之
见此情况，便扶着太子，大声对武则天道：
"陛下，太子今日不能够再返东宫，您想
先前高宗以爱子托给陛下，让您辅助他

治理国家，现如今太子年齿已长，陛下却身体日衰，天意人心，早已久归太子，臣等不忘太宗、天皇厚恩，故奉太子诛杀逆贼，请陛下以民心为重，愿陛下即传位太子，上顺天心，下孚民望。"

武则天经历了多少大难才得到如此地位，怎能甘心就此将这至高无上的地位传给他人，但是如今自己大势已去，面对对手，看到面前这些人气势汹汹、刀光闪闪，她只能屈从了，于是她告诉面前这些曾经对自己俯首称臣的人，同意让太子即位。

张柬之等趁此机会，将异己分子及乱臣贼子尽数剪除干净。几日后，武则天宣布退位，让位于太子李显，唐中宗李显正式复位，真正掌握了国政。国家政权又回到了李姓手中，唐王朝又回来了。当时狄仁杰劝服武则天立李显为太子，而后其举荐的张柬之发动了政变，使唐朝的江山没有落到外姓人手中，这更加体现了狄仁杰对唐王朝的再造之功。

张柬之的才德不仅体现在君国大事上。狄仁杰举荐张柬之不仅因为其有宰相之才，还因为他能够珍惜物力。这里有一件很平凡的小事，也许正是这件小事更加坚定了狄仁杰举荐张柬之的决心。狄仁杰有一位朋友为人喜好排场，用今天的话说就是好讲究，因此日常的开销很大。他的远方亲戚在张柬之家教书，他告诉狄仁杰的朋友，他第一次来到张柬之家时正好看到张柬之府里的佣人正将被褥等物装进马车之中。他很好奇，询问缘故，佣人说："因为丝贵棉贱，眼下正值荒年，我家大人打算节省开支，便让小人将家中的被褥换成棉制的，一来可以省下一部分钱周济灾民，另外还可以培养家人的节俭之气。"这位教书先生听了很感动，当下便决定要好好地教育张家的公子，并且他也决定从此以后一定要效仿张柬之大人，一改从前的奢华作风。狄仁杰的朋友看到他的变化后很惊讶，于是便询问原因，这位教书先生就给狄仁杰的朋友讲了这件事情。

后来这件事便传到狄公耳中，狄公说真正有德之人常以行教人，而仁人君子常常从有德行之人那里受教。如此看来张柬之的确是一位气宇非凡的人才，将来必成大器。

只是这位豪杰完成了自己的使命之后便陷入了不得志之中，因为当时武氏家族武三思等人及其羽党仍在当权用事，这几位奸逆小人，勾结韦皇后，潜毁张柬之。在政变之年的五月，他们用计封张柬之为汉阳王，同时将其罢相。张柬之知道自己已经没有回天之力，于是自请养病返回襄州，出为襄州刺史。《与国贤良夜歌二首》正是张柬之此时所作，"柳台临新堰，楼堞相重复。窈窕凤凰姝，倾城复倾国。杏间花照灼，楼上月裴回。带娇移玉柱，含笑捧金杯"。《大堤曲》："南国多佳人，莫若大堤女。玉床翠羽帐，宝袜莲花距。魂处自目成，色授开心许。迢迢不可见，日暮空愁予。"可见他此时的心情真的是英雄末路，那种无奈的悲伤只有经历大起大落的他才能够体会出来吧。总之，对于他的晚景让人凄凉，但是他的功绩后人是绝对不会忘

怀的。而那些奸逆的小人最终也只能在历史上留下骂名、遗臭万年。

唐朝的名臣姚崇也是狄仁杰举荐的。姚崇，原名元崇，字元之，武则天时，因与一反叛突厥人同名，故而以字行（有的说是改名元之）。开元元年（713年），因避年号讳，改名为崇。陕州硖石（治所在今河南省三门峡市东南）人，永徽元年（650年）生。历武则天、中宗、玄宗诸朝，任宰相，并多次出任地方长官，为唐朝前期著名宰相。开元九年（721年）卒。姚崇自幼便豪放宽厚，崇尚气节，可以说他是一个才干出众的人物。而且他也是一个很幸运的人，进入仕途后，可以说一直都很顺利，其事业呈青云直上之势。狄仁杰为宰相之时，因为其才干与修为，便举荐他出任夏官（即兵部）郎中（高级官员）。这个时候东北的契丹族不断侵扰中原，中原一带不得安生，人心惶惶，武则天一再派兵前去抵御，因此兵部的事务特别繁忙。在这繁忙的事务中，姚崇的才干，得到了充分的发挥，那纷繁复杂的事务，到了他的手里，全部处理得井井有条，干净利索。武则天十分欣赏姚崇的才干，立即提拔他为兵部侍郎。后来他官至宰相，在开元九年（721 年），这位宰相去世，享年72 岁。在其临死之时，还对社会的风气进行了治理。当时，由于国家经济状况良好，社会上特别是在官吏中厚葬成风。姚崇对这一风气极为反感，他列举古代圣贤薄葬的故事教育他人，不愿意让这奢侈之风将社会人心变坏，言教不如身教，这样批评厚葬之风，不如用自己的行为为世人做出表率。在姚崇去世前，他向子孙留下遗嘱：不准为他厚葬，只给他穿平常的衣服，不要抄经写像，并告诫他的子孙们去世以后，也要照他的嘱咐去做，要永为家法。姚崇节俭办后

事的故事，也被后世广为流传。狄仁杰的慧眼发现姚崇这样的英才，让他十分欣慰。如果他知道自己身死之后，这位自己举荐的贤才能够如此修为，他一定会含笑九泉的。

还有一位为政以清廉善治著称的大臣，他叫敬晖，字仲晔，唐绛州平阳人，有关他的记载历史上不是很多，后人也无法知道他确切的生卒年。他20岁时中明经举入仕，他也是狄仁杰为朝廷引荐的众多青年才俊之一，同时在神龙元年（705年）与张柬之、桓彦范等五人集团举兵推翻武则天的统治，是复辟李唐王朝的核心成员之一。可以说在狄仁杰告老之时，他向武则天推荐了数十位贤臣，这数十位忠贞廉洁、精明干练的贤臣，被武则天委以重任之后，政风为之一变，朝中出现了一种刚正之气。以后，他们都成为唐代中兴的名臣。可见狄仁杰的睿智和远见。

狄仁杰还举荐了一位少数民族将领，即契丹族猛将李楷固。李楷固自幼习武，熟悉兵法，善于使用套绳和骑射，是一位难得的将帅之才。曾经用绳索套住过唐将张玄遇、麻仁节。李楷固曾经屡次率兵打败唐朝军队，可以说是唐代的一个劲敌。在孙万荣死后，李楷固被唐朝俘虏。唐朝的有关人士主张将其处斩。狄仁杰知道李楷固的才干，不忍心这样一个有才的武将就这样被断送，因此他决定将其劝降。但是李楷固在此事中表现得很顽固，因为他并不信任唐朝，不想为自己的敌国效力。他想：与其在唐朝苟且偷生，不如为国守节而死，反而能落个美名。因此他很坚决地告诉前来劝降的人让他们死了这条心，他是不会投降的。劝降的人告诉了狄仁杰他的态度，其他的人都说既然他不识时务就不要留他了。但是狄仁杰说："李楷固这么说，那是他惦记自己的家人，怕他们因自己

125

降敌而受到迫害。"不久，狄仁杰秘密叫人将其家人接到长安，李楷固知晓之后，心便安定了下来，于是归顺了唐朝。狄仁杰的儿子曾问狄仁杰为什么会对这样一个人这样下功夫，狄仁杰说李楷固有骁将之才，若恕其死罪，必能感恩效节，我为他消除了后患他定能为唐尽心效力，何况上天有好生之德，他并不是罪大恶极之人，将其用于国防定能为安邦定国效力。狄仁杰在李楷固写了降书之后，便奏请武则天授其官爵，希望武则天考虑任其征战，他将此情况告知武则天，武则天打消了对李楷固的怀疑之念，接受了狄仁杰的建议。李楷固因为此事对狄仁杰十分感激，他打消了一切辜负唐朝、辜负狄仁杰的念头，决定以自己的功绩报答狄公，因此李楷固等率军讨伐契丹余众，凯旋而归。武则天知晓之后，龙颜大悦决定设宴庆功，奖赏李楷固等人，武则天在大殿之上，举杯对狄仁杰说：

"今日李将军得胜归来，真的是狄公举荐之功，因此最大之功当属狄公。"狄仁杰笑了笑说："臣只是尽为臣之本分，为国家举荐人才，真正的功劳当属于李将军。"

狄公举荐的这些贤才，的确都发挥了他们的作用，在唐朝的历史上留下了自己的美名。当然狄公因为将其举荐也享有知人善任的美名，狄仁杰的确是桃李满天下。狄仁杰之所以能举荐人才，是有一定条件的，首先是因为唐朝任用贤能的传统，当然还有狄仁杰自身过硬素质，因此他能够发现人才，而且社会环境也能够培植人才，所以这些人才能够为国所用。因此有人告诉狄公说："天下人才尽出于公之门呀！"狄仁杰听了，笑着说："我只是尽为人臣之力而已，举荐贤才也是为国效力，怎么能够说是我之功劳呢。"为人有功并不居功，狄公的胸怀真是无人能及啊。

八、挥手含笑去，

美名千古传

　　举荐了这些英才之后，狄仁杰感到自己的任务已经完成，打算退隐归乡，于是他屡次上书，表达隐退之意，但是武则天都没有答应。因为武则天生性多疑，难得身边有一个如此信任之人，所以她不打算让狄仁杰离开朝堂。她十分尊重这位宰相，从来不肯称其名号，而是十分尊重地叫他国老，狄仁杰为人刚直，有时在朝堂之上，当面地指出她的过失，武则天也很虚心地接受。一次跟随武则天出游，因风大，狄仁杰的头巾被刮落地，马因受惊而跑，无法制止，武则天命令太子去抓住马辔头把马系住。由于狄仁杰年老多病，上朝之时武则天不让狄仁杰对自己行三拜九扣之礼，她对狄仁杰说："每当国老拜我之时，我的身上感到很痛。"她常常告诉其他大臣如果是小事就不要打扰狄公，让他好好休息。久视元年（700 年），一天早晨，狄仁杰起床很早，近日来他深感自己的身体乏力，他知道自己大限已到。他望着窗外的天空，心里感到很踏实，因为他该做的都已经做完了，如今已经无有牵挂，他找来儿孙，向他们说了自己年少时的志向，告诉他们要常怀一颗爱民之心。他想起如今朝堂之上有那么多品德高尚之士，将国家之事交予他们，自己很放心。一切妥当之后，狄公安然地趟在了病榻之上，闭上了双眼，嘴角边有一丝难以察觉的微笑。

狄仁杰病故的消息，让朝野上下一片凄恸，女皇武则天哭泣着说"朝堂空也"。是啊，这样的贤臣是不可多得的，一个"空"字可见他在皇帝心中是多么重要。

狄仁杰具备了太多的美德，他是后人景仰的英雄，从古至今能够爱才惜才的人被看做君子，而那些嫉贤妒能的人则被看做小人，我们知道这位狄仁杰应该算是一位大君子。同时也明白他之所以能够有此成就，不仅仅是因为他的才德，古往今来有多少有才德之士，他们没有成就功业原因何在？很多是因为周

围环境险恶，如屈原虽有"美政理想"，但是因为"举世皆醉我独醒，举世皆浊我独清"，而只能空有抱负而遗恨终身。诸葛孔明虽有一颗报答主公之心，也只能"出师未捷身先死"，因为他的后主根本不是个可以成大事之人，因此他只能含恨而死。"先天下之忧而忧，后天下之乐而乐"，有如此修为的范仲淹，也因没有贤主赏识而不能成就此壮志。所以说狄仁杰很幸运是因为他遇到了明主，并且出生在一个举国上下都明是非的朝代，因此他可以坚守正义，可以提拔人才，再加上他的身边有很多德才兼备的人，他们能够辅助他成就功业，可以说狄仁杰才能够有此机会做一个治世之才。由此可见，这位知人善任的宰相是因为有知人善任之才，又有能够行知人善任之道的环境才能够知人善任的，那么如此看来他又是很幸运的。

总之，狄仁杰具有这般铮铮的铁骨，他不但有非凡的毅力和智慧，还有超人

的胆略。以天下黎民苍生为自己做官的根本原则，无论做什么事情都首先不忘记做人的根本，不但自身清正廉洁，还要惩处十恶不赦之人。对人民百姓的热爱让他能够俯仰无愧于天地，其实人民的无限的敬仰就是为官的最大的荣耀，凡受老百姓爱戴的人都是拯救他们于水深火热的人。而狄仁杰正是这样的一个典范，他的德行可以昭示乾坤日月。不管怎样，这位英豪以他的出世改变了唐代的历史，为后人树立了典范，后人将会永远记得这位知人善任的宰相。